BEI GRIN MACHT SICH IHR WISSEN BEZAHLT

- Wir veröffentlichen Ihre Hausarbeit,
  Bachelor- und Masterarbeit

- Ihr eigenes eBook und Buch -
  weltweit in allen wichtigen Shops

- Verdienen Sie an jedem Verkauf

Jetzt bei www.GRIN.com hochladen
und kostenlos publizieren

Das politische Selbstverständnis der äthiopisch-orthodoxen Kirche im Wandel

Von den Ursprüngen, über Haile Selassie und den Derg bis heute

Tobias Wagner

Bibliografische Information der Deutschen Nationalbibliothek:

Die Deutsche Nationalbibliothek verzeichnet diese Publikation in der Deutschen Nationalbibliografie; detaillierte bibliografische Daten sind im Internet über http://dnb.d-nb.de abrufbar.

ISBN: 9783346592965
Dieses Buch ist auch als E-Book erhältlich.

Druck und Bindung: Books on Demand GmbH, Norderstedt Germany
Gedruckt auf säurefreiem Papier aus verantwortungsvollen Quellen

Das vorliegende Werk wurde sorgfältig erarbeitet. Dennoch übernehmen Autoren und Verlag für die Richtigkeit von Angaben, Hinweisen, Links und Ratschlägen sowie eventuelle Druckfehler keine Haftung.

Das Buch bei GRIN: https://www.grin.com/document/1171506

Das politische Selbstverständnis der äthiopisch-orthodoxen Kirche im Wandel

Von den Ursprüngen, über Haile Selassie und den Derg bis heute

Vorgelegt von:

Tobias Wagner

Geschichte B.A.

4. Semester

Inhalt

1. Einleitung

Die aktuelle politische Berichterstattung fällt nur selten positiv auf, häufig dominieren konfliktbehaftete Themen. Beispiele dafür sind speziell in Europa der steigende Fremdenhass und Antisemitismus, der Disput der Europäischen Union mit osteuropäischen Ländern wie Polen und Ungarn sowie der Brexit. Aber nicht nur in Europa, sondern auch in der restlichen Welt lässt sich dieses Phänomen beobachten: Der chaotische Regierungsstil sowie die ständigen Skandale von Präsident Trump in den USA und der immer unübersichtlicher werdende Bürgerkrieg in Syrien zwischen dem Assad-Regime und bewaffneten Aufständischen sind nur zwei Belege.[1]

Jedoch scheint ein Fall dieser Entwicklung entgegenzuwirken: Momentan zieht das afrikanische Land Äthiopien die Blicke auf sich, wenn es um Demokratisierungsprozesse und das Abschütteln alter, überholter Gewohnheiten geht. Seit dem 2. April 2018 ist Abiy Ahmed dortiger Premierminister und treibt unablässig die Demokratisierung und Liberalisierung seines Landes voran. Er hat nicht nur den Ausnahmezustand aufgehoben, der seit Oktober 2016 auf die „größten regierungskritischen Proteste[n] seit 25 Jahren"[2] folgte – die gewaltsam niedergeschlagen wurden. Er hat auch eine Generalamnestie für politische Gefangene erlassen und die ehemalige Rebellen-Bewegung der Oromo-Befreiungsfront von der Terrorliste gestrichen, sodass die früheren Aufständischen nach Äthiopien zurückkehren konnten. Seine größte Leistung ist jedoch der Friede mit dem ehemals verfeindeten Nachbarland Eritrea, den Ahmed Anfang Juli 2018 geschlossen hatte. Mittlerweile wurden auch die Grenzen und Botschaften wieder geöffnet.[3]

---

[1] Vgl. Rechtsstaatsverfahren gegen Ungarn, 12.09.2018, siehe: https://www.tagesschau.de/ausland/eu-verfahren-ungarn-101.html, letzter Aufruf: 21.09.2018; Müller, Peter u. Schindler, Jörg, Scheitern der Brexit-Verhandlungen wäre schlimmer als befürchtet, 14.09.2018, siehe:
http://www.spiegel.de/wirtschaft/soziales/brexit-scheitern-der-verhandlungen-waere-dramatischer-als-viele-glauben-a-1228135.html, letzter Aufruf: 21.09.2018; Trumps Wirtschaftspolitik: Vielleicht doch nicht so „great", 28.08.2018, siehe: https://deutsch.rt.com/wirtschaft/75118-trumps-wirtschaftspolitik-vielleicht-doch-nicht-so-great/, letzter Aufruf: 17.09.2018.
[2] Äthiopien hebt Ausnahmezustand auf, 05.06.2018, siehe: https://www.dw.com/de/%C3%A4thiopien-hebt-ausnahmezustand-auf/a-44078868, letzter Aufruf: 21.09.2018.
[3] Vgl. Äthiopien und Eritrea öffnen ihre Grenzen, 11.09.2018, siehe:
https://www.dw.com/de/%C3%A4thiopien-und-eritrea-%C3%B6ffnen-ihre-grenze/a-45446752, letzter Aufruf: 21.09.2018; Äthiopien eröffnet Botschaft in Eritrea, 06.09.2018, siehe:
https://www.tagesspiegel.de/politik/nach-20-jahren-konflikt-aethiopien-eroeffnet-botschaft-in-eritrea/23003928.html, letzter Aufruf: 21.09.2018; Äthiopien hebt Ausnahmezustand auf, 05.06.2018, siehe: https://www.dw.com/de/%C3%A4thiopien-hebt-ausnahmezustand-auf/a-44078868, letzter Aufruf: 21.09.2018; Reformen in Äthiopien: Amnestie für politische Vergehen, 20.07.018, siehe: https://web.de/magazine/politik/reformen-aethiopien-amnestie-politische-vergehen-33079728, letzter Aufruf:

Abseits von seiner Reformtätigkeit ist Abiy Ahmed nicht nur der erste Oromo an der Spitze des äthiopischen Staates, sondern auch der erste Muslim. Auch dies schien in dem seit Jahrhunderten christlich geprägten Land lange Zeit undenkbar. Um die Tragweite dessen noch besser verstehen zu können, beschäftigt sich dieser Aufsatz damit, wie sich das Verhältnis der äthiopisch-orthodoxen Kirche zum Staat im Laufe der Jahre veränderte. Wichtige Etappen hierbei sind die Entstehung des Christentums in Äthiopien, die Zeit des letzten äthiopischen Kaisers Haile Selassie sowie die sozialistische Militärdiktatur des Derg.

21.09.2018; Zehntausende begrüßen Rückkehr der Oromo-Rebellen in Äthiopiens Hauptstadt, 15.09.2018, siehe: https://www.welt.de/newsticker/news1/article181547108/Minderheiten-Zehntausende-begruessen-Rueckkehr-der-Oromo-Rebellen-in-Aethiopiens-Hauptstadt.html, letzter Aufruf: 21.09.2018.

2. Ursprünge des Christentums in Äthiopien

Wenn es darum geht, wie „das Christentum auf schwarzafrikanischem Boden Wurzeln schlagen konnte"[4], erwähnen die beiden Autoren Christian Lange und Karl Pinggéra das antike Reich von Aksum. Ihren Aufschwung erlebte die alte Zivilisation ab 100 vor Christus, da sie vom deutlich zunehmenden Seeverkehr zwischen den Ländern des antiken Mittelmeerraumes, Indien sowie Persien, Ostafrika, Südost- und Ostasien profitierte. Dadurch erlangte sie vielfältige technische und kulturelle Errungenschaften ferner Kulturen, besonders solche der hellenistisch-römischen Welt. Annegret Marx und Alexandra Neubauer bezeichnen Aksum, was übersetzt ‚das alte Äthiopien' bedeutet, daher als „de[n] südlichste[n] Ableger der antiken Mittelmeerkultur"[5].[6]

Zum Christentum bekehrten sich die Herrscher Äthiopiens bereits in der ersten Hälfte des vierten Jahrhunderts. Aus dieser Zeit stammen die ersten sicheren Quellen: Es wird über die Brüder Frumentios und Aidesios berichtet, die das Christentum nach Äthiopien gebracht haben sollen. Über ihre Herkunft ist man sich größtenteils einig, so schreibt Steven Kaplan in seinem Buch ‚The Monastic Holy Man and the Christianization of Early Solomonic Ethiopia': „Scholars are virtually unanimous in viewing the arrival of the Syrian brothers Frumentius and Aedesius in the fourth century as a turning point in the Aksumite kingdom´s religious history."[7] Über ihr Leben, angefangen bei ihrer Ankunft in Äthiopien, gibt es allerdings unterschiedliche Angaben. So beschreibt sie der emeritierte Professor Steven Kaplan als „refugees from a plundered ship"[8], während Bengt Sundkler und Christopher Steed in ihrem Buch ‚A History of the Church in Africa' vom syrischen Christen Meropius sprechen, der nach ‚Indien' gegangen sei und zwei junge Männer mit sich genommen habe, Adesius und Frumentius. Auf ihrer Rückreise hätten sie an einem der eritreischen Häfen gestoppt und seien abgefangen worden. Nur die beiden jungen Männer seien gerettet und schließlich zum König von Aksum gebracht worden.[9]

---

[4] Lange, Christian u. Pinggéra, Kar, Die altorientalischen Kirchen, Glaube und Geschichte, Darmstadt 2010, S. 41.
[5] Marx, Annegret u. Neubauer, Alexandra, Steh auf und geh nach Süden. 2000 Jahre Christentum in Äthiopien, Frankfurt 2007, S. 18f.
[6] Vgl. ebd.
[7] Kaplan, Steven, The Monastic Holy Man and the Christianization of Early Solomonic Ethiopia, Stuttgart 1984, S. 15.
[8] Ebd.
[9] Vgl. Sundkler, Bengt u. Steed, Christopher, A History of the Church in Africa, Cambridge 2000, S. 35.

Über das, was danach geschah, gibt es wieder recht einheitliche Berichte. Die beiden Syrer wurden wichtige Beamte am Hof des äthiopischen Königs. Als der König starb, bat die Königin die beiden Brüder, ihr bei der Verwaltung des Reiches zu helfen, bis ihr neugeborenes Kind alt genug war, um das Königreich selbst zu regieren. Als der Sohn des Königs alt genug war, verließen die beiden Brüder das Land. Frumentius reiste daraufhin nach Alexandria zum ägyptischen Erzbischof Athanasius und überzeugte diesen von der Notwendigkeit eines ägyptischen Bischofs, um die wachsende Zahl von Christen dort zu führen. Daraufhin weihte Athanasius Frumentius selbst zum Bischof, wonach dieser nach Äthiopien zurückkehrte und im ganzen Land das Christentum predigte.[10] „Äthiopien darf damit nach Armenien (301) als das zweite Staatswesen der Geschichte bezeichnet werden, in dem der christliche Glaube Staatsreligion wurde."[11]

Der christliche Glaube war wohl zunächst nur auf den Hof von Aksum beschränkt, im frühen sechsten Jahrhundert aber brachten Mönche aus dem östlichen Mittelmeerraum Impulse für eine weiteren Verbreitung des Christentums. Um das Jahr 500 reisten verschiedene Gruppen von ihnen nach Äthiopien. „Sie kamen zwar aus Ägypten, waren aber selbst keine Ägypter. [...] Die berühmtesten unter den Mönchen waren [...] die „Neun Heiligen", die Vorsteher von Gemeinden gewesen sein sollen, in denen es auch Priester und Nonnen gab"[12], beschreibt es John Bauer in seinem Buch „Christus kommt nach Afrika. 2000 Jahre Christentum auf dem Schwarzen Kontinent.

Für die folgenden Jahrhunderte gibt es nur wenige Quellen. Durch die ab 600 einsetzenden muslimischen Eroberungszügen wurde das Christentum in vielen Teilen des Orients zurückgedrängt oder ausgelöscht. Damit einher ging die Unterbrechung der bis dahin bestehenden weitreichenden Verbindungen vom Mittelmeer bis nach Indien und China, was zur Isolierung des christlichen Nordostafrika von der übrigen christlichen Welt führte. Dieser Umstand sowie Turbulenzen im Inneren des aksumitischen Reiches führten im neunten Jahrhundert zum praktisch totalen Niedergang seiner politischen, wirtschaftlichen, militärischen Macht. Im Zuge des Niedergangs von Aksum wanderten die Nachkommen der

---

[10] Vgl. Kaplan, Steven, The Monastic Holy Man and the Christianization of Early Solomonic Ethiopia, Stuttgart 1984, S. 15; Sundkler, Bengt u. Steed, Christopher, A History of the Church in Africa, Cambridge 2000, S. 35.
[10] Ebd., S. 19f.
[11] Ebd.
[12] Vgl. Baur, John, Christus kommt nach Afrika. 2000 Jahre Christentum auf dem Schwarzen Kontinent, Stuttgart 2006, S.40f.

Aksumiten nach Südwesten ins Zentrum des äthiopischen Hochlands und gründeten schließlich eine neue christliche Dynastie, die Zagwe-Dynastie, die Äthiopien von 1137 bis 1270 regierten. Obwohl ihre Herrscher Christen waren, unterschieden sie sich von den aksumitischen Herrschern, da sie nicht solomonischen Ursprungs waren und wahrscheinlich nicht die semitische Sprache sprachen. Daher wurden sie von ihren Feinden oft als Usurpatoren bezeichnet.[13]

Die Zagwe wurden schließlich von der sogenannten ,salomonischen' Dynastie verdrängt, die 1270 die Macht an sich bringen konnte. Ihre Herrschaft prägte das Selbstverständnis der Äthiopier und ihrer Kirche nachhaltig, da sie mit dem Anspruch regierte, von den aksumitischen Königen abzustammen. Besonders wichtig hierbei ist das äthiopische Nationalepos *Kebrä Nägäst* (,Die Ehre der Könige'), „das bedeutendste Geschichtswerk jener Zeit"[14], das wohl Anfang des 14. Jahrhunderts abschließend redigiert wurde. Darin wird beschrieben, wie die Königin von Saba, die als äthiopische Herrscherin verstanden wird, den biblischen König Salomo besuchte und von ihm ein Kind zeugte, Menelik I. Sowohl die Könige Aksums als auch ihre seit dem 13. Jahrhundert regierenden Nachfolger werden genealogisch auf Menilek zurückgeführt, so auch der letzte Kaiser der solomonischen Dynastie, Haile Selassie.[15]

---

[13] Vgl. Kaplan, Steven, The Monastic Holy Man and the Christianization of Early Solomonic Ethiopia, Stuttgart 1984, S. 19; Marx, Annegret u. Neubauer, Alexandra, Steh auf und geh nach Süden. 2000 Jahre Christentum in Äthiopien, Frankfurt 2007, S. 21f.
[14] Lange, Christian u. Pinggéra, Kar, Die altorientalischen Kirchen, Glaube und Geschichte, Darmstadt 2010, S. 43.
[15] Vgl. ebd.; Baur, John, Christus kommt nach Afrika. 2000 Jahre Christentum auf dem Schwarzen Kontinent, Stuttgart 2006, S. 39.

3. Die äthiopisch-orthodoxe Kirche während der Regierungszeit Kaiser Haile Selassies

Jeff Haynes fasst es in seinem Buch *'Religion and Politics in Africa'* gut zusammen: *„During Haile Selassie´s rule the Orthodox Church was the established church, supported by the state, with its organization and administration governed by law."*[16] Schon die Krönung Haile Selassies zum Kaiser von Äthiopien fand gemäß den Vorschriften des Zeremoniells und dem frühen Brauch statt. Nachdem das Oberhaupt der äthiopischen Kirche („Abune'), Kyrillos IV., erklärt hatte, dass Haile Selassie I. in direkter Linie von Menilek I. abstammt, übergab er dem Kaiser die Insignien seiner Macht – das mit Gold und Diamanten geschmückte Schwert und das Zepter. Kyrillos legte ihm den kaiserlichen Mantel um, steckte ihm einen Diamantring an den Finger und überreichte ihm zwei goldene Speere sowie ein in Gold gefasstes Buch der Heiligen Schrift. Dies alles ging in einer vom Zeremoniell festgelegten Reihenfolge vor sich. Durch das Aufsetzen der Krone „wurde Teferi Mekwennen, seit 1916 Ras und Regent von Äthiopien, seit 1928 Negus von Sewa unter dem Namen Hayle Sellase I. als Neguse Negest (König der Könige), der „siegreiche Löwe aus dem Stamm Juda, nach dem Willen Gottes auserwählter König der Könige von Äthiopien" in Amt und Würde bestätigt"[17], wie es Andrzej Bartnicki und Joana Mantel-Niecko erläutern. Die Krönung endete mit einer feierlichen Prozession um die Kathedrale.[18]

Eine der ersten kaiserlichen Amtshandlungen war die Ausarbeitung einer neuen Verfassung, die 1931 erlassen wurde. Bartnicki und Mantel-Niecko machen an der Stell darauf aufmerksam, dass die Verfassung von 1931 Hayle Sellase I. eine so feste Basis für seine Herrschaft gab, wie sie kein äthiopischer Kaiser seit dem Mittelalter hatte. „Über eine höhere Macht verfügten nicht einmal die absoluten Herrscher des mittelalterlichen Äthiopiens, deren Recht zur uneingeschränkten Machtausübung theoretisch durch die höchste Autorität der Äthiopischen Kirche, und zwar durch die in der äthiopischen Tradition heiligen Bücher, begründet war."[19]

Einige Monate nach Einführung der Verfassung versuchte Hailu Tekla Haymanot, der Kopf der politischen Opposition, Haile Selassie I. zu stürzen. Zu diesem Zweck befreite Haymanot im

---

[16] Haynes, Jeff, Religion and Politics in Africa, Nairobi 1996, S. 90.
[17] Bartnicki, Andrzej u. Mantel-Niecko, Joanna, Geschichte Äthiopiens. Von den Anfängen bis zur Gegenwart in 2 Teilen. Teil 2. Vom Beginn des 20. Jahrhunderts bis zur Gegenwart, Berlin 1978, S. 456.
[18] Vgl. ebd., S. 456f.
[19] Ebd., S. 460.

Mai 1932 den immer noch eingesperrten früheren Herrscher Äthiopiens, Iyasu V. Es wurde unter der mohammedanischen Bevölkerung die Nachricht verbreitet, dass Iyasu ihnen nach der Thronbesteigung besondere Privilegien einräumen würde. Muslime waren im christlichen Äthiopien immer benachteiligt, auch unter den Kaisern. Daher versuchten Intriganten gegen die Kaiser regelmäßig, die Muslime auf ihre Seite zu ziehen. Aber auch unter der christlichen Bevölkerung war man bemüht, Leg Iyassus Popularität zu vergrößern. Zu diesem Zweck verbreitete man die Nachricht, dass es der Wille Gottes sei, wenn Leg Iyassu den Thron wieder besteige.[20]

Der Aufstand von Haymanot, auch wenn er letztendlich scheiterte, wurde von den Italienern unterstützt, die Unruhe stiften wollten. Seit dem Machtantritt Benito Mussolinis 1922 zeigte das faschistische Italien vermehrt kolonialistische Ambitionen, um seinen Traum vom Wiederaufbau des Römischen Reiches zu verwirklichen. Zu diesem Zweck begann Italien im Oktober 1935 auch den Abessinienkrieg, der schließlich in eine römische Besetzung des afrikanischen Landes mündete. In dieser Zeit bemühte sich die italienische Verwaltung vor Ort, alle möglichen Vorurteile zu schüren, um Zwist zwischen den einzelnen Stämmen und Völkerschaften zu sähen sowie religiös motivierte Streitigkeiten zu provozieren. Allerdings gelang es der Besatzungsmacht nie, die Völker Äthiopiens zu verfeinden und sie gegeneinander aufzuhetzen. Davon zeugt unter anderem der gemeinsame Kampf der Partisaneneinheiten, die sich aus ethnisch unterschiedlichen Bevölkerungsgruppen zusammensetzten.[21]

Die Besatzung durch Italien hatte auf die Kirche durchaus nachhaltige Effekte: Nach dem Abzug die Italiener kam es zu einer Entwicklung, auf die Haile Selassie schon lange hingearbeitet hatte. Bereits in den 1920ern äußerte er seine Besorgnis über notwendige Kirchenreformen. *„It was clear to the new Ethiopian political leader that modernizing monarchy needed a loyal Metropolitan chosen among the Emperor´s subjects and that the formal hegemony of the Coptic Church should end."*[22] Die äthiopische Kirche war bis in die jüngere Zeit ein Teil der koptischen Kirche Ägyptens gewesen, wodurch allein der Patriarch von Alexandria das Recht hatte, das Oberhaupt der äthiopischen Kirche zu ernennen. Mitte

---

[20] Vgl. ebd., S. 461f.
[21] Vgl. ebd., S. 541.
[22] Ebd., S. 422.

der 50er Jahre gab es nun erstmals ein äthiopisches Oberhaupt der Tewahedo[23]-Kirche: Abuna Basileios. 1959 erhielt dieser auch das Recht zur Weihe von Bischöfen und Erzbischöfen, was die kirchenrechtliche Eigenständigkeit der äthiopischen Kirche bedeutete.[24]

Dennoch wurde die äthiopisch-orthodoxe Kirche immer häufiger kritisiert: Unterschiedliche Gruppen der Opposition warfen ihr Stagnation und Passivität vor. Die steigenden Probleme und die Missgunst waren schließlich zwei der Gründe, die in die Ereignisse der Revolution von 1974 und auch in die sozialistische Militärdiktatur des Derg mündeten.[25]

---

[23] Bedeutet ‚Einheit' und bezieht sich auf die Vereinigung der beiden Naturen in Christus – eine theologische Streitfrage des frühen Christentums, aufgrund derer sich beim Konzil von Chalcedon einige Gruppen abtrennten. (vgl. Orthodoxe Kirchen, siehe: https://www.heiligenlexikon.de/Glossar/Orthodoxe_Kirche.html, letzter Aufruf: 21.09.2018.).
[24] Vgl. Fisseha, Girma, Äthiopien. Christentum zwischen Orient und Afrika, München 2002, S. 93.
[25] Vgl. ebd., S. 426.

## 4.	Die Auswirkungen der sozialistischen Militärdiktatur auf die Kirche

Mit dem Sturz des Kaisers Haile Selassie 1974 durch die eigenen Militärs unter Führung von Major Mengistu endete auch die Zeit des Staatskirchentums in Äthiopien. Während der darauf folgenden 17-jährigen Herrschaft des Mengistu-Regimes konnte die Äthiopische Orthodoxe Kirche nur unter großen Schwierigkeiten überleben. Sie stand dem Ziel der marxistisch-leninistisch orientierten Militärdiktatur im Weg, einen religiös neutralen Staat zu etablieren.[26]

Eine Maßnahme gegen die Kirche war unter anderem die Enteignung ihres gesamten Landbesitzes und damit der Wegfall ihrer finanziellen Basis. In der Folgezeit konnten die Priester und Bischöfe der äthiopischen Kirche nur durch Spenden ihrer Gläubigen überleben. Außerdem wurde der seit 1971 amtierende Patriarch Theophilos 1977 inhaftiert und später hingerichtet. Auf Druck des Regimes wählte die Synode einen willfährigen Geistlichen zum Nachfolger, Tekle Haimont. Der auf Haimont folgende Patriarchen Merkorios – der 1988 eingesetzt wurde – war ähnlich fügsam, wurde aber nach dem Ende der sozialistischen Herrschaft 1991 von der Synode umgehend abberufen. Er setzte sich in die USA ab und gründete dort eine eigene Glaubensgemeinschaft.[27]

Widerstand leistete die äthiopische Kirche den Sozialisten nicht. Sie schien eine Linie minimalen oder sehr begrenzten Widerstands zu fahren. Die Reaktionen auf die äthiopische Revolution waren geprägt von Passivität und Resignation. *"A serious diminution of spiritual activities, which however turned out to be only temporary, was a price that church leaders were apparently willing to pay to Africa´s revolutionary Marxist regimes for their continued existence"*[28], erklärt Jeff Haynes.[29]

Bei all ihrer Passivität kam der Kirche allerdings auch ein wichtiger Faktor zugute, den Donald Crummey in seinem Buch *"Land and Society in the Christian Kingdom of Ethiopia: From the Thirteenth to the Twentieth Century"* beschrieb: *„The Derg was too astute to try to do away with organized religion overnight. On the one hand, it promoted Islam to formal parity with*

---

[26] Vgl. Oeldemann, Johannes, Die Kirchen des christlichen Ostens. Orthodoxe, orientalische und mit Rom unierte Ostkirchen, Kevelaer, 2008, S. 77.

[27] Vgl. Schisma in der äthiopisch-orthodoxen Kirche ist beendet, 03.08.2018, siehe: http://www.kath.net/news/64655, letzter Aufruf: 21.09.2018; Lange, Christian u. Pinggéra, Kar, Die altorientalischen Kirchen, Glaube und Geschichte, Darmstadt 2010, S. 49.

[28] Haynes, Jeff, Religion and Politics in Africa, Nairobi 1996, S. 80.

[29] Vgl. ebd., S. 90.

Christianity, at least where public holidays were concerned. On the other, it recognized that the church remained an influential institution."[30] Um das Einkommen aufzuwiegen, das die Kirche durch die Verstaatlichung ihres Besitzes verloren hatte, garantierte ihr der Derg einen bestimmten Anteil an den Einnahmen, die dieser von der Besteuerung des Landes erhielt. Das Geld erhielt der Patriarch, welcher es durch die Hierarchie der Bischöfe den Provinzen zurückgab. Dies hatte zur Konsequenz, dass das formale Bischofsamt gestärkt wurde. Somit schwächte die Landreform 1975 zwar einerseits die Kirchen und Klöster, stärkte aber andererseits die formalen Strukturen der Kirche und erleichterte ihr Wachstum.[31]

Festzuhalten bei all den Aktionen des Derg ist also, wie es der Theologe Johannes Oeldemann formuliert: „Die gewaltsame Umstrukturierung der äthiopischen Gesellschaft in der sozialistischen Periode und die damit verbundene Unabhängigkeit der Kirche vom Staat führte [...] nicht zu einer Schwächung, sondern eher zu einem Erstarken der Orthodoxen Kirche in Äthiopien."[32]

---

[30] Crummey, Donald, Land and Society in the Christian Kingdom of Ethiopia: From the Thirteenth to the Twentieth Century, Illinois 2000, S. 246f.

[31] Vgl. ebd.

[32] Oeldemann, Johannes, Die Kirchen des christlichen Ostens. Orthodoxe, orientalische und mit Rom unierte Ostkirchen, Kevelaer 2008, S. 77.

5. Die Kirche von 1991 bis heute

Im Mai 1991 wurde das Mengistu-Regime schlussendlich gestürzt und die Demokratische Republik Äthiopien ausgerufen. Die neue Verfassung von 1994 schrieb eine Trennung von Staat und Kirche vor – ein Grund dafür, weshalb es der Institution nach dem Ende des Sozialismus nicht mehr gelang, den alten staatskirchlichen Status wiederherzustellen. Durch die Wahl von Abuna Paulos zum Patriarchen der Äthiopisch-Orthodoxen Kirche zwei Jahre zuvor stabilisierte sich das kirchliche Leben in Äthiopien allerdings. Die Kirche nahm nicht nur wieder eine prägende Rolle in der äthiopischen Gesellschaft ein, sondern auch eine zentrale Funktion in der frühen Demokratisierungsbewegung. Sie lenkte die öffentliche Aufmerksamkeit auf allgegenwärtige Zustände von Ungerechtigkeit und Elend, was sie oft zu den einzigen *„legitimate interlocutors capable of mediating conflicts between government and citizens"*[33] machte, wie es Christian Lange und Kar Pinggéra in ihrem Buch ‚Die altorientalischen Kirchen. Glaube und Geschichte' beschreiben.[34]

Die beiden Autoren erkennen allerdings auch ein Problem: „Die äthiopische Kirche umfasst über 30 Millionen Mitglieder und stellt damit 35-40% der Bevölkerung. Wohl annähernd genauso viele Äthiopier bekennen sich zum Islam. Schon aus diesen demographischen Gründen konnte das alte Staatskirchentum keine Zukunft haben. Die Begegnung mit dem Islam gehört ebenso zu den dringenden Herausforderungen, denen sich die Kirche stellen muss, wie auch ihr Verhältnis zu den wachsenden protestantischen Kirchen (u.a. der Pfingstbewegung)."[35] Weiterhin geht es um die Verbesserung der Beziehungen zur Koptisch-Orthodoxen Kirche und zur Eritreisch-Orthodoxen Kirche, welche sich im Juli 1994 für autokephal erklärt hatte. Und schließlich sieht sich die Äthiopische Kirche zunehmend mit dem Phänomen der Globalisierung konfrontiert. Ihre Gläubigen leben längst nicht mehr nur in Äthiopien, sondern sind mittlerweile auf der ganzen Welt zu Hause.[36]

Ein Beispiel dafür ist der ‚Heilige Synod der äthiopisch-orthodoxen Kirche im Exil'. Wie bereits erwähnt ging Patriarch Abuna Merkurios, der nach dem politischen Machtwechsel in Äthiopien 1991 abgesetzt worden war, mit etlichen Bischöfen in die USA. Er war es, der

---

[33] Ebd.
[34] Vgl. Oeldemann, Johannes, Die Kirchen des christlichen Ostens. Orthodoxe, orientalische und mit Rom unierte Ostkirchen, Kevelaer 2008, S. 77f.; Lange, Christian u. Pinggéra, Kar, Die altorientalischen Kirchen, Glaube und Geschichte, Darmstadt 2010, S. 49.
[35] Ebd., S. 50.
[36] Vgl. ebd.

ebenjenen heiligen Synod aufbaute. In Äthiopien übernahm derweil zunächst Abuna Paulos das Patriarchenamt und nach dessen Tod Abuna Mathias. Trotz unzähliger Versöhnungsversuche erkannten sich die Patriarchen und die Synoden gegenseitig nicht an. In jüngster Zeit gelang es allerdings mit Hilfe des neuen äthiopischen Ministerpräsidenten, das Schisma zu beenden.

Die äthiopisch-orthodoxe Kirche wird demnach künftig zwei Patriarchen haben: Abuna Merkurios wird nach seiner Rückkehr aus den USA der Kirche in Addis Abeba durch ‚Gebet und Segnung' dienen. Abuna Mathias wird sich um die Verwaltung der Kirche kümmern, aber ebenso werden ‚Gebet und Segnung' zu seinen Aufgaben zählen. Die beiden Patriarchen werden auf Lebzeiten als ‚gleich an Ehre' angesehen, in der Liturgie werden die Namen beider Patriarchen genannt. Die beiden Heiligen Synoden werden zusammengelegt, alle wechselseitigen Exkommunikationen aufgehoben.[37]

In der Woche vom 23. Juli 2018 fand diesbezüglich eine Versöhnungskonferenz in den USA statt, wo Premier Abiy zu der Zeit zu Besuch war. In deren Abschlussdokument war die Rede davon, dass die gefährliche Situation der äthiopisch-orthodoxen Kirche in den vergangenen Jahren durch die Gebete der Mönche und aller Gläubigen "gemeinsam mit den Anstrengungen von Ministerpräsident Ahmed Abiy"[38] zum Besseren verändert worden sei. Das Schisma wurde schließlich am 27. Juli in Anwesenheit des äthiopischen Ministerpräsidenten in der äthiopisch-orthodoxen Michaelskathedrale in Washington feierlich für beendet erklärt.[39]

Hier zeigt sich wieder, dass der amtierende Premierminister Zeichen für Liberalisierung und Entspannung setzen will, und das in vielen Bereichen. In Zusammenarbeit mit der Kirche hat Abiy bereits viel erreicht und scheint noch mehr erreichen zu können. Doch ist die Tatsache, dass ein Muslim ein seit Jahrtausenden christliches Land regiert, ein Beleg für den erfolgreichen Wandel der Tewahedo-Kirche?

---

[37] Vgl. Schisma in der äthiopisch-orthodoxen Kirche ist beendet, 03.08.2018, siehe: http://www.kath.net/news/64655, letzter Aufruf: 21.09.2018.
[38] Ebd.
[39] Vgl. Ebd.

6. Schluss

Zweifelsohne ist es bemerkenswert, den Muslim Abiy Ahmed an der Spitze des ‚afrikanischen Zion' zu haben. Die Frage ist allerdings, ob die Kirche auf Ahmeds Werdegang einen so großen Einfluss hatte. Nicht einmal zur Zeit des Kaisertums – als die Kirche noch viel mächtiger als heute war – hatte sie Einfluss auf die Personalie des äthiopischen Herrschers. Nach dem Ende des sozialistischen Militärregimes 1991 konnte die Kirche ihren alten Charakter einer Staatskirche nicht wiederherstelle, weshalb sie ihre Einflussnahme auf politische Angelegenheiten komplett verlor. Abiy Ahmeds Aufstieg zum Ministerpräsidenten 2018 lief also völlig unabhängig von der Kirche ab. Diese hätte protestieren, aber keinen Einfluss auf die Entwicklung nehmen können.

Daher ist die Rolle Abiy Ahmeds bei der Überwindung des Kirchen-Schismas von 1991 hervorzuheben. Dass die Kirche die Hilfe des Premiers in einer derart eklatanten Frage angenommen hat, ist ein wichtiger Punkt. Man kann also abschließend sagen, dass die äthiopisch-orthodoxe Kirche auf dem Weg ist, ihre alten, überholten Dogmen abzulegen und sich der neuen Zeit anzupassen. Obwohl dies noch lange nicht abgeschlossen ist, ist die Zusammenarbeit mit Premier Abiy Ahmed ein erster Schritt.

7.   Quellen- und Literaturverzeichnis

a. Internet-Quellen

Äthiopien eröffnet Botschaft in Eritrea, 06.09.2018, siehe: https://www.tagesspiegel.de/politik/nach-20-jahren-konflikt-aethiopien-eroeffnet-botschaft-in-eritrea/23003928.html, letzter Aufruf: 21.09.2018.

Äthiopien hebt Ausnahmezustand auf, 05.06.2018, siehe: https://www.dw.com/de/%C3%A4thiopien-hebt-ausnahmezustand-auf/a-44078868, letzter Aufruf: 21.09.2018.

Äthiopien und Eritrea öffnen ihre Grenzen, 11.09.2018, siehe: https://www.dw.com/de/%C3%A4thiopien-und-eritrea-%C3%B6ffnen-ihre-grenze/a-45446752, letzter Aufruf: 21.09.2018.

Müller, Peter u. Schindler, Jörg, Scheitern der Brexit-Verhandlungen wäre schlimmer als befürchtet, 14.09.2018, siehe: http://www.spiegel.de/wirtschaft/soziales/brexit-scheitern-der-verhandlungen-waere-dramatischer-als-viele-glauben-a-1228135.html, letzter Aufruf: 21.09.2018.

Orthodoxe Kirchen, siehe: https://www.heiligenlexikon.de/Glossar/Orthodoxe_Kirche.html, letzter Aufruf: 21.09.2018.

Rechtsstaatsverfahren gegen Ungarn, 12.09.2018, siehe: https://www.tagesschau.de/ausland/eu-verfahren-ungarn-101.html, letzter Aufruf: 21.09.2018.

Reformen in Äthiopien: Amnestie für politische Vergehen, 20.07.018, siehe: https://web.de/magazine/politik/reformen-aethiopien-amnestie-politische-vergehen-33079728, letzter Aufruf: 21.09.2018.

Schisma in der äthiopisch-orthodoxen Kirche ist beendet, siehe: http://www.kath.net/news/64655, letzter Aufruf: 21.09.18.

Trumps Wirtschaftspolitik: Vielleicht doch nicht so „great", 28.08.2018, siehe: https://deutsch.rt.com/wirtschaft/75118-trumps-wirtschaftspolitik-vielleicht-doch-nicht-so-great/, letzter Aufruf: 17.09.2018.

Zehntausende begrüßen Rückkehr der Oromo-Rebellen in Äthiopiens Hauptstadt, 15.09.2018, siehe: https://www.welt.de/newsticker/news1/article181547108/Minderheiten-Zehntausende-begruessen-Rueckkehr-der-Oromo-Rebellen-in-Aethiopiens-Hauptstadt.html, letzter Aufruf: 21.09.2018.

b. Schriftliche Literatur

Bartnicki, Andrzej u. Mantel-Niecko, Joanna, Geschichte Äthiopiens. Von den Anfängen bis zur Gegenwart in 2 Teilen. Teil 2. Vom Beginn des 20. Jahrhunderts bis zur Gegenwart, Berlin 1978, S. 456.

Baur, John, Christus kommt nach Afrika. 2000 Jahre Christentum auf dem Schwarzen Kontinent, Stuttgart 2006.

Crummey, Donald, Land and Society in the Christian Kingdom of Ethiopia: From the Thirteenth to the Twentieth Century, Illinois 2000.

Uhlig, Siegbert u.a., Encyclopaedia Aethiopica. Volume 2: D-Ha, Paris 2003.

Fisseha, Girma, Äthiopien. Christentum zwischen Orient und Afrika, München 2002.

Haynes, Jeff, Religion and Politics in Africa, Nairobi 1996.

Kaplan, Steven, The Monastic Holy Man and the Christianization of Early Solomonic Ethiopia, Stuttgart 1984.

Lange, Christian u. Pinggéra, Kar, Die altorientalischen Kirchen, Glaube und Geschichte, Darmstadt 2010.

Marx, Annegret u. Neubauer, Alexandra, Steh auf und geh nach Süden. 2000 Jahre Christentum in Äthiopien, Frankfurt 2007.

Oeldemann, Johannes, Die Kirchen des christlichen Ostens. Orthodoxe, orientalische und mit Rom unierte Ostkirchen, Kevelaer 2008.

Sundkler, Bengt u. Steed, Christopher, A History of the Church in Africa, Cambridge 2000.